LA BATALLA DEL MARNE

La primera victoria aliada de la Primera Guerra Mundial

Por Pierre-Luc Plasman
En colaboración con Laure Delacroix
Traducido por Laura Bernal Martín

Historia 

LA BATALLA DEL MARNE   1

Datos clave

Introducción

CONTEXTO POLÍTICO Y SOCIAL   3

Las tensiones entre las potencias europeas antes de 1914

La entrada en guerra de las potencias europeas en el verano de 1914

ACTORES PRINCIPALES   12

John Denton Pinkstone French, mariscal inglés

Joseph Joffre, general francés

Helmuth Johannes von Moltke, general alemán

ANÁLISIS DE LA BATALLA   19

Los planes de guerra alemanes y franceses

La invasión de Bélgica y la batalla de las fronteras

La batalla del Marne

REPERCUSIONES DE LA BATALLA   32

Hacia la guerra de trincheras

EN RESUMEN   40

PARA IR MÁS ALLÁ   44

LA BATALLA DEL MARNE

DATOS CLAVE

- **¿Cuándo?** Del 6 al 12 de septiembre de 1914
- **¿Dónde?** En el noreste de Francia, entre París y Verdún (a ambos lados del río Marne)
- **¿Contexto?** La Primera Guerra Mundial (1914-1918)
- **¿Beligerantes?** Inglaterra y Francia contra el Imperio alemán
- **¿Principales protagonistas?**
  - John Denton Pinkstone French, mariscal inglés (1852-1925)
  - Joseph Joffre, general francés (1852-1931)
  - Helmuth Johannes von Moltke, general alemán (1848-1916)
- **¿Resultado?** Victoria francesa
- **¿Víctimas?**
  - Bando alemán: unos 43 000 muertos, 173 000 heridos y 40 000 desaparecidos
  - Bando francés: unos 21 000 muertos, 122 000 heridos y 84 000 desaparecidos
  - Bando inglés: unos 3000 muertos, 30 000 heridos y 4000 desaparecidos

INTRODUCCIÓN

La batalla del Marne marca el primer punto de inflexión a favor de los Aliados en el frente occidental durante la Primera Guerra Mundial.

Desde la invasión alemana de Bélgica el 4 de agosto de 1914, los ejércitos belga y francés, así como la Fuerza Expedicionaria Británica (BEF, por sus siglas en inglés), no hacen más que retroceder ante el ejército alemán. Pero el general francés Joseph Joffre no pierde la esperanza de lanzar un amplio contraataque. La oportunidad se presenta cuando el general alemán Helmuth Johannes von Moltke no se ajusta al plan inicialmente previsto y deja que se cree un espacio entre sus ejércitos. El 6 de septiembre, una acción conjunta de los ingleses y los franceses permite a los soldados abrir una brecha en el frente, amenazando las posiciones alemanas.

Entonces, el ejército alemán se detiene y, el 10 de septiembre, se ve obligado a iniciar una retirada general a pesar de encontrarse a solo 50 kilómetros de París. A continuación, se repliega al norte del Aisne, donde comienza a atrincherarse, marcando así la victoria de los Aliados, que es recibida como un milagro por la opinión pública francesa.

La batalla del Marne pone fin a la guerra de movimientos y da paso a la guerra de trincheras, símbolo del primer conflicto mundial. Contrariamente a la creencia popular, las operaciones que tienen lugar en 1914 son las que causan las mayores pérdidas de la guerra. La batalla del Marne, por lo tanto, también supone una decepción, ya que los principales planes estratégicos fracasan y la idea de una victoria rápida se esfuma.

CONTEXTO POLÍTICO Y SOCIAL

LAS TENSIONES ENTRE LAS POTENCIAS EUROPEAS ANTES DE 1914

La batalla del Marne tiene lugar al comienzo de la Primera Guerra Mundial. El estallido de lo que rápidamente se llama la Gran Guerra es la continuación de una cadena de causas que se remontan al siglo XIX.

Asesinato del archiduque Francisco Fernando de Habsburgo.

La chispa que provoca el conflicto es el ultimátum que el Imperio austrohúngaro le da a Serbia el 23 de julio de 1914. Esta actitud bélica resulta del asesinato del príncipe de la corona, el archiduque Francisco Fernando de Habsburgo (1863-1914), por un nacionalista serbio el 28 de junio en Sarajevo. Este incidente, cuyas consecuencias podrían haberse limitado al plano regional, se convierte en un conflicto generalizado, en gran parte debido al juego de las alianzas. Este mecanismo diplomático y militar tiene un efecto dominó: los países entran en guerra uno tras otro siguiendo los acuerdos que los vinculan. En ese momento, dos alianzas reúnen a las mayores potencias europeas y tienen por objeto, en particular, garantizarse un apoyo mutuo en caso de agresión:

- La Triple Alianza, creada en 1882, agrupa a Alemania, Austria e Italia;
- la Triple Entente, establecida en 1907, reúne por su parte a Gran Bretaña, Francia y Rusia.

Estas se constituyen gradualmente debido al contexto político y social y a las tensiones existentes entre los distintos países. Todo el mundo teme ver sus intereses amenazados por otro país o entrar en conflicto con él. De hecho, a finales del siglo XIX puede observarse:

- un ascenso de los nacionalismos. Los sentimientos nacionales se exacerban porque todo el mundo se siente agredido por el otro:
  - Francia quiere vengarse de Prusia después de su derrota en la guerra franco-prusiana de 1870-1871, y

recuperar así Alsacia y Lorena;

- ◦ el irredentismo, un movimiento nacionalista italiano que reivindica las tierras entregadas a Austria-Hungría, está molesto por la actitud y las maniobras de Austria, principalmente en los Balcanes. Ahora, Italia se siente frustrada en el seno de la Triple Alianza;
- ◦ en Alemania, el acercamiento entre Francia, Inglaterra y Rusia despierta el miedo a un asedio. Por el contrario, el pangermanismo (doctrina que tiene como objetivo reunir a todos los pueblos germanos y a otros países bajo la dominación alemana) y su aspiración a una Gran Alemania suscitan la desconfianza de Europa.

- la importancia que toma la cuestión de Oriente (problemática que surge a partir de la fragmentación del Imperio otomano y de la lucha que se desata con el fin de dominar los Balcanes). El Imperio otomano está cada vez más débil, lo que no solo provoca la independencia de los países balcánicos, sino también la competencia de las naciones europeas en la gestión de los servicios públicos otomanos así como en la explotación de sus recursos naturales, como el petróleo.

pide la retirada de la misma al rey de Prusia, Guillermo I (1797-1888). Aunque este se niega cortésmente, el canciller alemán Otto von Bismarck (1815-1898) convierte su respuesta en un humillante informe, conocido como el «telegrama de Ems», que provoca la declaración de guerra francesa el 19 de julio. Aunque las tropas francesas son más numerosas, los generales alemanes son mucho más aguerridos y estratégicos, por no hablar de la superioridad de su artillería, equipada de cañones Krupp. Se vence a los franceses sucesivamente y Napoleón III (emperador de los franceses, 1808-1873) capitula tras la derrota de la batalla de Sedán, el 2 de septiembre. Se firma el armisticio el 28 de enero de 1871, y Guillermo I es proclamado emperador de Alemania diez días más tarde en Versalles.

A principios del siglo XX observamos:

- una oposición entre Rusia y Austria en la región de los Balcanes. Ambos países aprovechan la debilidad del Imperio otomano para ampliar sus zonas de influencia y obtener un acceso marítimo al sur. De hecho, Rusia se ve a sí misma como la protectora de los pueblos eslavos y especialmente de Serbia, mientras que Austria ve con malos ojos el nacionalismo serbio que agita a las minorías eslavas en el seno del Imperio y que amenaza la estabilidad;
- el surgimiento de tensiones entre Alemania y Francia sobre las cuestiones coloniales y, especialmente, en torno a las relativas a Marruecos. De hecho, Alemania trata

de frenar la expansión francesa en esta región. Además, en 1902 presta apoyo a los bóeres (descendientes de los colonos neerlandeses en Sudáfrica) cuando Inglaterra conquista por la fuerza sus dos estados;

- una competencia económica más intensa durante la Segunda Revolución Industrial. Las diferencias entre las naciones industriales se reducen y la búsqueda de nuevos mercados opone a Inglaterra y a Alemania en Oriente Próximo y Oriente Medio;
- una carrera armamentística. En 1900, Alemania pone en marcha un programa naval para rivalizar con la Royal Navy, mientras que Francia aprueba en 1913 la Ley de los Tres Años, que aumenta la duración del servicio militar con el fin de alinear al mismo número de soldados que los alemanes movilizables.

¿SABÍAS QUE...?

A finales del siglo XIX, los descubrimientos en química y física relativos a la electricidad y al petróleo dan lugar a la Segunda Revolución Industrial, que sigue a la del carbón y del acero. Los avances tecnológicos son deslumbrantes en el campo de la iluminación, del motor de combustión y de las ondas de alta frecuencia. Invenciones tales como el automóvil, la radio y los productos sintéticos encuentran aplicaciones en el ámbito militar. Por otra parte, la guerra se moderniza con el uso de la aviación, de tanques y de armas automáticas y químicas.

LA ENTRADA EN GUERRA DE LAS POTENCIAS EUROPEAS EN EL VERANO DE 1914

La idea del posible estallido de una guerra no asusta a los futuros beligerantes, ya que recuerdan las guerras napoleónicas (1803-1815), relativamente cortas y poco sangrientas. No son conscientes de las dimensiones que puede tomar y de la destrucción que puede acarrear el estallido de un conflicto generalizado a principios del siglo XX.

Todas estas tensiones llevan a afianzar en la opinión pública y en los círculos dominantes —especialmente en Alemania— la idea de que la guerra es inevitable e incluso beneficiosa. Así pues, el conflicto armado se acepta con facilidad cuando estalla en julio. Sin embargo, en realidad no se espera que comience una guerra: el mes de julio de 1914 no es una época de ebullición y los nacionalistas que hacen un llamamiento a las armas siguen siendo muy poco numerosos. De hecho, en el pasado, los europeos ya habían logrado llegar a acuerdos para prevenir conflictos, como con la Conferencia de Berlín (1884-1885) sobre la colonización de África, o con las conferencias de La Haya (1899 y 1907) que permitieron regular el derecho de guerra. Sin embargo, a lo largo del verano de 1914 los hombres de Estado y los diplomáticos se muestran rápidamente superados por los acontecimientos y los siguen sin lograr cambiar su rumbo.

¿SABÍAS QUE...?

Las conferencias de La Haya, también llamadas Conferencias Internacionales de la Paz, se realizan por primera vez en 1899 por invitación del zar ruso Nicolás II (1868-1918). Su objetivo es el desarme y la prevención de conflictos. Se prohíben algunas armas o técnicas de guerra —como los bombardeos aéreos, los gases asfixiantes y las balas explosivas. También se crea la Corte Permanente de Arbitraje (para la resolución de disputas internacionales), aunque las potencias no recurren a ella. En 1907 se lleva a cabo una segunda conferencia por invitación del presidente estadounidense Theodore Roosevelt (1858-1919), que establece la obligación de emitir un ultimátum antes del estallido de un conflicto. En estas conferencias nace el derecho humanitario, ya esbozado en el Convenio de Ginebra de 1864.

Después del atentado de Sarajevo, el Estado Mayor austriaco ve la oportunidad de someter definitivamente a Serbia. Sin embargo, Austria no quiere actuar sin el apoyo de Alemania. Esta última se muestra de acuerdo, e incluso le anima a hacerlo, ya que su objetivo es consolidar a su principal aliado, cuya desintegración teme. Además, Guillermo II (rey de Prusia y emperador de Alemania, 1859-1941) cree firmemente en la superioridad de su ejército y en la ausencia de intervención inglesa. En su opinión, la guerra será corta y limitada. Por consiguiente, el 23 de julio, Austria le envía un ultimátum a Serbia. Las inaceptables condiciones que se proponen tienen un solo propósito: ser rechazadas.

Tres días más tarde, Gran Bretaña intenta organizar una conferencia internacional para resolver el conflicto entre Austria y Serbia, pero Belgrado es bombardeada el 28 de julio: la guerra acaba de empezar. Entonces, Rusia, que no puede dejar que Austria controle los Balcanes, presiona al zar para movilizar las tropas. Después de algunas dudas, este acepta. La lógica de las alianzas se ha activado. Alemania le exige a Rusia dar marcha atrás, pero esta se niega: el 1 de agosto, Berlín se moviliza a su vez y le declara la guerra a Rusia. Por otra parte, el Imperio alemán se muestra listo para ampliar su espacio vital hacia el Este. Inmediatamente, París da la orden de movilización general con la ambición de liberar Alsacia y Lorena, entonces en manos alemanas. En respuesta, Alemania le declara la guerra a Francia el 3 de agosto. Al día siguiente, las tropas alemanas atacan Bélgica y la violación de su neutralidad marca la entrada en guerra de Inglaterra, que no puede aceptar una convulsión en el equilibrio europeo. Italia, decepcionada por la Triple Alianza, se declara neutral e incluso se situará, un año más tarde, al lado de la Triple Entente.

ACTORES PRINCIPALES

JOHN DENTON PINKSTONE FRENCH, MARISCAL INGLÉS

Retrato de John Denton Pinkstone French.

Sir John Denton Pinkstone French es un mariscal inglés. Al igual que su padre, entra en la Royal Navy, pero rápidamente se une a la caballería, en la que se convierte en un brillante oficial. Sirve principalmente en el extranjero: Egipto, Sudán y la India. Destaca especialmente en la guerra de los Bóeres (1899-1902), donde participa en la toma de Pretoria (capital administrativa de Sudáfrica). En 1907, es inspector general del ejército y se convierte en jefe del Estado Mayor general Imperial en 1912. Al año siguiente, es ascendido al rango de mariscal.

Antes de que estalle la Primera Guerra Mundial, promueve los vínculos entre las potencias aliadas participando en las grandes maniobras francesas (ejercicios militares anuales que involucran a un gran número de efectivos) e invitando a las delegaciones francesas y rusas a las maniobras británicas de 1913.

Es elegido para comandar la Fuerza Expedicionaria Británica (BEF) al comienzo de la guerra, y recibe instrucciones destinadas a mantener una autonomía de acción frente a los franceses. Durante la retirada en agosto de 1914, el general francés Charles Louis Marie Lanrezac (1852-1925) no le avisa de su decisión de retroceder, y la relación entre ambos se tensa. Como consecuencia, la BEF, desplegada en la región de Mons (Bélgica), debe contener en solitario el avance alemán, que logra retrasar un poco. Dudando de la capacidad de los líderes franceses, decide repatriar a la BEF, pero el ministro de Guerra, lord Kitchener (1850-1916), se niega categóricamente, y John Denton Pinkstone French se ve obligado a participar en la contraofensiva de Joseph Joffre en el Marne. En diciembre de 1915, se le pide que renuncie a su cargo debido especialmente a los desacuerdos con sus subordinados y con el gobierno de Londres. Ennoblecido, se convierte en vizconde y, en 1918, en conde de Ypres. Dos años más tarde, es nombrado lord teniente de Irlanda. En 1921 se retira definitivamente de sus funciones, y muere cuatro años más tarde.

JOSEPH JOFFRE, GENERAL FRANCÉS

Retrato de Joseph Joffre.

Joseph Joffre es un general francés que cursa estudios en la escuela politécnica y participa en la defensa de París durante la guerra franco-prusiana de 1870-1871, antes de participar en varias campañas coloniales. En 1911 es nombrado jefe del Estado Mayor general y promueve la creación de Estados Mayores permanentes y concentra sus esfuerzos en la mejora de los servicios de retaguardia y de los planes de movilización.

Como comandante de los ejércitos del Norte y Nordeste en agosto de 1914, evita el cerco procediendo a una retirada estratégica, y su contraofensiva en el Marne permite estabilizar el frente. Para lograrlo, no duda en visitar con frecuencia a sus subordinados y en enviar de vuelta a casa a los que considera incompetentes. Coronado con el título de «vencedor del Marne», a finales de 1915 se convierte en comandante en jefe de los ejércitos franceses y todavía cree en el éxito de un gran avance ofensivo. Sin embargo, sus planes de ataque fracasan en el Artois y en la Champaña. Además, no logra prever la réplica alemana en Verdún en 1916. A medida que su temperamento le hace ganarse cada vez enemigos, se le reprocha el coste humano de esta batalla. Su desgracia acontece a finales de 1916, tras el fracaso de la ofensiva en el Somme. Le reemplaza el general Georges Robert Nivelle (1856-1924), pero es elevado al grado de mariscal de Francia. A partir de ese momento, convertido en asesor militar del gobierno francés, dirige varias misiones en el exterior, incluyendo una en los Estados Unidos para preparar la llegada de las tropas estadounidenses a Francia. El 14 de julio de 1919, abre el desfile de la Victoria con el mariscal Philippe Pétain (1856-1951), el sucesor de Robert Nivelle. Es elegido miembro de la Academia Francesa en 1918 y muere en 1931.

HELMUTH JOHANNES VON MOLTKE, GENE-RAL ALEMÁN

Helmuth Johannes von Moltke, conocido como el Joven, es un general alemán. Su tío, el mariscal Helmuth von Moltke, llamado el Viejo, es el artífice militar de la unificación alemana y del aplastamiento de Francia en 1870.

Entra en la infantería y en 1880 pasa al Estado Mayor general. Se convierte en el edecán de Guillermo II y durante un tiempo dirige una división, antes de regresar al Estado Mayor general. En 1906 toma el mando y sucede al general Alfred von Schlieffen (1833-1913), retomando en gran medida el plan para la invasión de Francia.

A principios de 1914, considera que es el momento adecuado para iniciar la guerra y empuja a Guillermo II a explotar militarmente la crisis resultante del asesinato de Francisco Fernando de Habsburgo. Sin embargo, a Helmuth von Moltke le falta seguridad como jefe de guerra, y su cuartel general, instalado en Luxemburgo, está demasiado alejado del frente como para poder informarlo adecuadamente. Además, antes de la ofensiva del Marne, transfiere dos cuerpos del ejército al frente oriental. Por otra parte, está enfermo y por ello, en realidad, no dirige las operaciones y le deja amplia autonomía a sus subordinados, que comenten varios errores. A principios de septiembre, los generales alemanes, mal coordinados, dejan que se abra una brecha entre sus ejércitos y permiten así el contraataque del general francés Joseph Joffre.

En la práctica, se le retira el mando el 14 de septiembre de 1914, a pesar de que el general Erich von Falkenhayn (ministro de Guerra prusiano, 1861-1922) no toma posesión del cargo oficialmente hasta noviembre. Posteriormente, es nombrado jefe del Estado Mayor de las fuerzas internas. Fallece de un ataque al corazón en 1916.

ANÁLISIS DE LA BATALLA

LOS PLANES DE GUERRA ALEMANES Y FRANCESES

Habida cuenta del clima de tensión y desconfianza de la preguerra, los Estados Mayores alemán y francés no esperan al verano de 1914 para trazar los planes de ataque. Sin embargo, estas estrategias están diseñadas para llevar a cabo una guerra corta y rápida, como las que habían existido antes de la Primera Guerra Mundial. Los planes ofensivos más importantes son:

- en el bando alemán, el Plan Schlieffen. La táctica más elaborada es la del mariscal Alfred von Schlieffen, considerado una de las mentes militares más brillantes de su época. El plan, concebido en 1898, consiste en vencer a Francia en unas pocas semanas antes de volverse contra Rusia, que se considera que es más lenta para movilizarse. El mariscal preconiza que los ejércitos alemanes formen una robusta ala que atravesará Bélgica y superará al ejército francés antes de rodearlo. En agosto de 1914, los ejércitos alemanes se colocan conforme a este plan. Así pues, el 1.º y 2.º Ejército alemán —que cuentan con cerca de 600 000 hombres— forman un frente al que el ejército belga, que dispone de 117 000 soldados, no puede enfrentarse. En teoría, después de superar al ejército francés tienen que iniciar un movimiento de giro para rodearlo arrinconándolo en la frontera con Alemania y Suiza. Por su parte, el 3.º y 4.º Ejército imperial tienen que atacar por el sur de Bélgica y Luxemburgo. Por último, el 5.º y

6.º Ejército se encargan de la defensa de Alsacia y Lorena;
- en el bando francés, el Plan XVII. Este plan, aprobado en abril de 1913, está diseñado por los asesores de Joseph Joffre para llevar a cabo una ofensiva y es el plan número 17 elaborado por el Estado Mayor. A principios del siglo XX, la doctrina militar francesa se centra en la fuerza moral y en la audacia de las tropas en la realización de los ataques. De hecho, la potencia de fuego nunca ha sido tan fuerte como en ese momento, y los generales están convencidos de la superioridad del atacante sobre el defensor.
- Por tanto, la estrategia francesa es muy simple, y su objetivo es ganar una batalla decisiva en Lorena. Para ello, el ejército debe moverse siguiendo dos ejes —a la izquierda al norte de una línea Verdún-Metz, a la derecha entre los Vosgos y Mosela— antes de reunirse para el golpe final. Solo el 5.º Ejército se sitúa a la izquierda de este dispositivo para bloquear un ataque alemán a través de Bélgica.

Con toda probabilidad, las partes opuestas conocen a grandes rasgos los planes de sus rivales, pero los cálculos del bando francés afirman que las fuerzas alemanas no son lo suficientemente numerosas como para lograr su maniobra.

Si bien los inicios de las operaciones son favorables para ambas partes, unos acontecimientos imprevistos tuercen los planes iniciales: los alemanes son atacados más rápido de lo esperado por los rusos y observan con preocupación la entrada en guerra de Inglaterra; los franceses, por su parte, fracasan en su ataque en Alsacia-Mosela y asisten a la invasión de Bélgica por parte de los ejércitos imperiales 1.º y 2.º.

LA INVASIÓN DE BÉLGICA Y LA BATALLA DE LAS FRONTERAS

Para sorpresa de Berlín, Bélgica, una potencia neutral, rechaza su ultimátum. Para garantizar la defensa del reino, tres ciudades amuralladas —Amberes, Lieja y Namur— protegen no solo los ríos, sino también las carreteras y las vías ferroviarias del país. Eso sin contar el uso sistemático por parte de los alemanes de un nuevo obús de un calibre de 420 milímetros, más conocido como el «Gran Berta».

Soldados del ejército belga destruyen las vías del ferrocarril en Flandes para bloquear el avance de los alemanes camino de Amberes.

En la línea de avance del 2.º Ejército alemán, Lieja y Namur caen, respectivamente, el 17 y 24 de agosto. Entonces, el resto del ejército belga se repliega en Amberes. Es en ese momento cuando Helmuth Johannes von Moltke comete su primer error. Preocupado por la situación en el frente oriental, decide transferir dos cuerpos del ejército para luchar contra los rusos. Además, se separan otros tres cuerpos: uno para contener al ejército belga en Amberes, otro para ocupar Bruselas, y el último para sitiar Maubeuge. De esta forma, la potente ala marchante se reduce en una séptima parte de sus efectivos.

Por su parte, el general francés Joseph Joffre no se preocupa por los acontecimientos que ocurren en Bélgica, ya que está demasiado ocupado preparando la ofensiva en Lorena. El día 14, se dos ejércitos se ponen en marcha hacia Sarrebourg (en Mosela), mientras que el día 22 otros dos se dirigen a las Ardenas. La Fuerza Expedicionaria Británica, que consta de 100 000 soldados profesionales y bien entrenados, desembarca en Francia entre el 11 y el 17, y luego se dirige a Bélgica, donde los alemanes no son conscientes de su presencia hasta aproximadamente el día 22.

Entonces comienza la batalla de las fronteras, que tiene lugar en cuatro escenarios distintos: en Lorena, en las Ardenas, en Charleroi y en Mons.

- En Lorena, el 1.º y 2.º Ejército francés avanzan rápidamente en Alemania y el día 18 llegan a Sarrebourg. Pero se ha subestimado a las fuerzas alemanas y, aunque estas retroceden, solo lo hacen con el objetivo de formar un bloque compacto. El 6.º y 7.º Ejército alemán, que cuentan con superioridad numérica y disponen de una mejor arti-

llería, pasan a la ofensiva el día 20 y aplastan a los franceses, que se repliegan sobre el Meurthe (río de Lorena) tres
días más tarde. Los alemanes, a su vez, cometen un error
al continuar la ofensiva. Contrariamente a lo que Alfred
von Schlieffen había defendido, Helmuth Johannes von
Moltke permite la continuación del ataque, que falla ante
el atrincheramiento francés a lo largo del río.

- El día 21, el 3.º y 4.º Ejército francés reciben la orden de
atacar a través de las Ardenas en dirección a Arlon y
Neufchâteau. Frente a ellos se encuentran el 4.º y 5.º
Ejército alemán, que tienen la misma fuerza (ocho cuerpos), pero que cuentan con ventaja. No solo la superficie
forestal no se presta al ataque, sino que, además, se ha
descubierto el movimiento de los ejércitos franceses.
Estos, por el contrario, ignoran dónde se sitúan los ejércitos enemigos. Dispuestos en niveles, los cuerpos franceses exponen su flanco izquierdo al ataque y, si el cuerpo
más al norte de la formación se hundiera, el conjunto del
dispositivo se vendría abajo. Esto es precisamente lo que
ocurre el 22 de agosto. Las pérdidas son considerables:
el cuerpo colonial, el más aguerrido de todos, pierde a 11
000 de sus 15 000 hombres en las cargas a la bayoneta
realizadas en el bosque, que se enfrentan al fuego sos-
tenido de las ametralladoras de sus adversarios. El Plan
XVII es un fracaso, pero Joseph Joffre exige que la ofensiva
siga adelante. Sin embargo, el 24 de agosto, el 3.º y 4.º
Ejército francés se repliegan detrás del Mosa.

- Mientras tanto, el 5.º Ejército de Charles Louis Marie
Lanrezac se despliega entre Charleroi y Dinant (ciudades
belgas), es decir, en el ángulo formado por el Mosa y el
Sambre. Este ejército debe ponerse en contacto con el 4.º

Ejército y con la BEF, que se dirige a Mons. Pero no logran tomar todos los puentes sobre el río Sambre y los alemanes se infiltran. Entonces, el general francés ordena que se recuperen estas posiciones, pero la empresa vuelve a saldarse con un fracaso: las pérdidas son significativas y los franceses retroceden 11 kilómetros. Por lo tanto, se rompe el contacto con el 4.° Ejército y no se realiza la conexión con la BEF. La noche del 23, Charles Louis Marie Lanrezac decide replegarse sin notificárselo a su homólogo inglés, John Denton Pinkstone French, que protege el flanco izquierdo del 5.° Ejército francés.

- Mientras tanto, la BEF se despliega a lo largo del canal de Mons-Condé y los soldados británicos, con la experiencia de la guerra de los Bóeres, cavan trincheras y utilizan con destreza sus fusiles de repetición. Aunque están bien posicionados, finalmente deben replegarse a riesgo de ser rodeados. El 26 de agosto, en el municipio francés de Le Cateau, el 2.° cuerpo británico se enfrenta a 140 000 soldados alemanes y la BEF pierde casi al 10 % de sus hombres.

LA BATALLA DEL MARNE

El error alemán

Las primeras tres semanas de la guerra se caracterizan por éxitos notables para Alemania, ya que todos los ejércitos franceses se repliegan. Sin embargo, los combates, el calor, las marchas forzadas y el hambre ponen a prueba a los soldados de ambos bandos. Por otra parte, a medida que los alemanes avanzan por el territorio francés, se alejan de sus líneas de comunicación y el avituallamiento se complica. La situación es diferente para los franceses, lo que le permite a Joseph Joffre —que se las arregla para mantener la calma— concentrar nuevas tropas y crear nuevos ejércitos. Sin embargo, no está satisfecho con sus subalternos, y no duda en despedir a Charles Louis Marie Lanrezac y a Pierre Xavier Emmanuel Ruffey (1851-1928), además de a nueve generales del cuerpo del ejército y a 33 divisionarios. La mayoría de ellos están destinados en Limoges, lo que en francés dará lugar al nacimiento del neologismo «*limoger*», que significa «ser destituido de tu puesto».

A pesar de las muchas dificultades, los ejércitos alemanes avanzan en Francia: el 1.º Ejército de Alexander von Kluck (1846-1934), el 2.º de Karl von Bülow (1846-1921) y el 3.º de Max von Hausen (1846-1922) se colocan entre Verdún y Amiens. El 2 de septiembre, las vanguardias alcanzan Meaux, a 50 kilómetros de París. El mismo día, el Gobierno francés abandona la capital y se refugia en Burdeos, dejando en manos del general Joseph Gallieni (1849-1916) la defensa de la Ciudad de la Luz.

Al mismo tiempo, Alexander von Kluck recibe la orden de Helmuth Johannes von Moltke de colocarse a nivel del ejército de Karl von Bülow para cortar el camino a París. Creyendo que las tropas franco-británicas se han desviado, Alexander von Kluck persigue al 5.º Ejército y a la BEF. Pero al tomar la dirección del sudeste, se aparta del Plan Schlieffen que preveía envolver París por el oeste y, sin saberlo, fortalece la posición de Joseph Joffre. De este modo, se crea una brecha entre el ejército de Alexander von Kluck y París por la que el general francés puede disponer de las tropas transferidas de Lorena —el nuevo 6.º ejército— para atacar el flanco del ejército alemán. Además, en su avance hacia el Marne, Alexander von Kluck se distancia del ejército de Karl von Bülow y crea una nueva brecha en la región de Charly-Petit-Morin. La responsabilidad de la situación, que enseguida se ha vuelto crítica, se le atribuye a Johannes von Moltke y a la autonomía que quiere darle a sus jefes de ejército, mientras que las operaciones de la Gran Guerra requieren una coordinación excelente que no puede lograr desde su cuartel general de Luxemburgo.

Los preparativos para la batalla

La inflexión del movimiento alemán no pasa desapercibida y Joseph Joffre reúne al oeste de la Ciudad de la Luz la guarnición de París, la BEF y el 5.º y 6.º Ejército. A la derecha del dispositivo se sitúa el nuevo 9.º Ejército, que se le confía al general Ferdinand Foch (1851-1929). Sin embargo, la participación de la BEF sigue siendo incierta. De hecho, John Denton Pinkstone French telegrafía el 31 de agosto al ministro de guerra lord Kitchener sobre su intención de repatriar a la BEF a Inglaterra debido a que este ha perdido confianza en los generales franceses. Inmediatamente, lord Kitchener llega a Francia y utiliza sus influencias para obligar al mariscal inglés a cooperar con Joseph Joffre.

El generalísimo francés decide atacar el 6 de septiembre. El plan es el siguiente: el 6.º Ejército debe cruzar un afluente del Marne, el Ourcq, para atacar por la espalda al 1.º Ejército de Alexander von Kluck. Mientras tanto, el 5.º y 9.º Ejército, con la ayuda de la BEF, tendrán que dejar de batirse en retirada entre Meaux y Cézanne. La BEF y el 5.º Ejército tendrán que atacar para ampliar el espacio situado entre el 1.º Ejército alemán y el ejército de Karl von Bülow, mientras que el 9.º Ejército tendrá que frenar al de Max von Hausen en las marismas de Saint Gond (al suroeste del Marne).

La víspera, Helmuth Johannes von Moltke también transmite sus órdenes y admite el fracaso del cerco. A los ejércitos de Alexander von Kluck y Karl von Bülow se les asigna una posición defensiva frente a París, mientras que el de Max von Hausen ha de avanzar siguiendo el curso del Sena. Por su parte, los Ejércitos 4.º y 5.º atacarán el sudeste para permitir que el 6.º y 7.º Ejército puedan cruzar el Mosela y completar el cerco a los franceses.

En teoría, los primeros días de septiembre son los más cruciales para los alemanes, ya que deben lograr la victoria en el frente occidental. Sin embargo, en el terreno, las posiciones de los ejércitos alemanes son exactamente lo contrario a las previstas por el Plan Schlieffen.

Los intensos combates

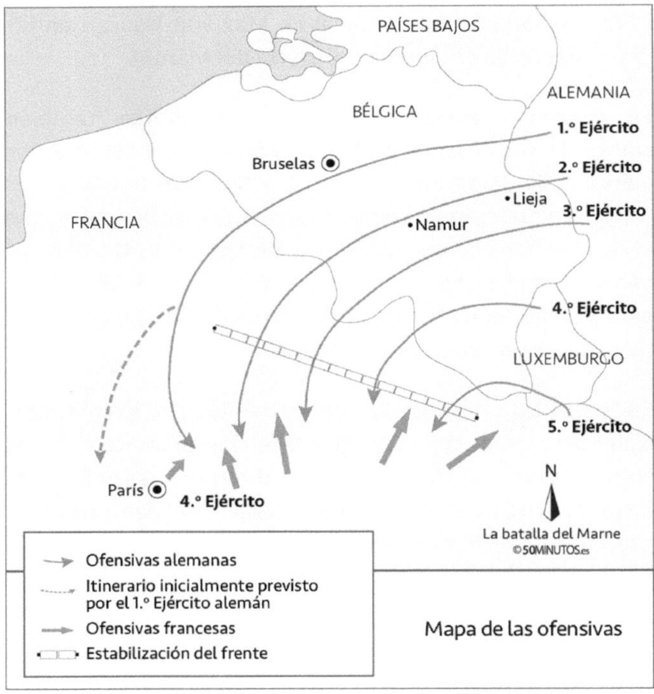

El campo de batalla se extiende sobre casi 200 kilómetros, donde se enfrentan más un millón de hombres en cada bando. El resultado sigue sin decidirse hasta el 8 de septiembre:

- en el Este, el 4.º y 5.º Ejército alemán atacan Nancy y Verdún, pero el emperador alemán asiste a la derrota de sus tropas;

- mientras tanto, el 6.º Ejército del mariscal francés Joseph Maunoury (1847-1923) se alinea en la retaguardia del 1.º Ejército adversario, cuyas tropas son más aguerridas que las de los franceses, formadas principalmente por reservistas. El general alemán continúa contraatacando y evita que el mariscal francés gane terreno. El 7 de septiembre, entre 600 y 700 taxis requisados por Joseph Gallieni depositan a entre 4000 y 6000 soldados de la guarnición de París en el frente. Esta contribución no es decisiva, pero a partir de entonces el episodio de «Los taxis del Marne» forma parte de la leyenda y es uno de los símbolos de la resistencia francesa;

- la noche del 8, Alexander von Kluck piensa que puede rodear al 6.º Ejército francés, pero se aleja completamente del ejército de Karl von Bülow. El día 7, este último ha reorganizado todo su dispositivo y ha dirigido a su ala derecha al norte. En adelante, los tres ejércitos alemanes están separados: el de , Alexander von Kluck se encuentra al norte del Marne, el de Karl von Bülow está al sur del río y el de Max von Hausen se sitúa en las marismas de Saint Gond;

- en las marismas, el 9.º Ejército de Ferdinand Foch es responsable de repeler al ejército alemán más allá del Marne. Los combates que se producen en este lugar el 6 y 7 de septiembre son feroces, pero no dan ningún resultado. El general alemán, convencido de que los franceses están debilitados, pone en marcha un poco antes del amanecer del día 8 un ataque a la bayoneta que obliga a los franceses retroceder cinco kilómetros. Después de estos hechos, Ferdinand Foch escribe el siguiente mensaje, que se hace célebre: «¡Mi centro cede, mi derecha retrocede, situación óptima, ataco!» (Montes 2016);

- el día siguiente se revela decisivo. Con la ayuda de refuerzos del 5.º Ejército, Ferdinand Foch restablece la situación e incluso consigue lanzar un contraataque. El ejército de Alexander von Kluck, que está a casi 65 kilómetros del de Karl von Bülow, mantiene la iniciativa y todavía es capaz de rodear al ejército de Joseph Maunoury. Por tanto, la ventaja está en el bando alemán. Sin embargo, a las 14 horas, la ofensiva se ve interrumpida por una recién llegada orden de retirada.

La orden de retirada

Efectivamente, la víspera, el general alemán Helmuth Johannes von Moltke había enviado al teniente coronel Friedrich Heinrich Richard Hentsch (1869-1918) para que se le informara de la situación. Karl von Bülow le dice a este último que los ejércitos franco-británicos pueden aprovechar su difícil posición y recomienda por consiguiente el repliegue de las posiciones más avanzadas más allá del Marne. Al día siguiente, Karl von Bülow avisa a los otros generales alemanes de que comienza a retirarse. Por lo tanto, a estos últimos no les queda otra que seguir el movimiento y Helmuth Johannes von Moltke se ve obligado a realinear a su defensa y a hacer retroceder al 4.º, 5.º y 6.º Ejército. A lo largo de unos 400 kilómetros, los alemanes retroceden 50 kilómetros, creando nuevas líneas de frente detrás del Aisne y también entre Verdún y Noyon.

Las pérdidas de la batalla del Marne son difíciles de evaluar. El número de 250 000 muertos en el bando francés se desprende de este conflicto, pero también de la batalla de las fronteras. Algunos historiadores, sin embargo, han tratado de calcular el número de víctimas y afirman que hubo:

- en el bando alemán, unos 43 000 muertos, 173 000 heridos y 40 000 desaparecidos;
- en el bando francés, unos 21 000 muertos, 122 000 heridos y 84 000 desaparecidos;
- en el bando inglés, unos 3000 muertos, 30 000 heridos y 4000 desaparecidos.

REPERCUSIONES DE LA BATALLA

HACIA LA GUERRA DE TRINCHERAS

El Marne, una victoria sin consecuencias

Los primeros meses de la guerra son los más mortíferos, con un promedio de cerca de 60 000 muertes al mes. A finales de 1914, la BEF ha perdido casi el 80 % de sus efectivos, obligando a Inglaterra a adoptar la vía del servicio militar obligatorio (es decir, la obligación de servir en el ejército). Prácticamente todos los oficiales franceses activos han sido diezmados. Por lo tanto, hablar hoy en día del «milagro del Marne» es no haber entendido nada. La expresión es posterior a los hechos y aparece por primera vez en un artículo del académico Maurice Barrès (1826-1923) en diciembre de 1914. Aunque el término es interpretado literalmente en los círculos cristianos, refleja sobre todo el alivio de una población ante un giro inesperado de la situación.

Sobre el terreno, Joseph Joffre cree en la posibilidad de una victoria decisiva, rodeando al ejército alemán por la derecha cerca de Noyon y cortando sus líneas de suministro. Pero los alemanes, entrenados para crear defensas rápidamente, cambian sus posiciones y se encuentran ahora detrás del Oise y del Aisne. Su sistema defensivo se compone de varias líneas de trincheras conectadas por zapas de comunicación, delante de las cuales se sitúan alambres de púas. La fortificación de las nuevas posiciones alemanas es la última orden dada por Helmuth Johannes von Moltke, pero la retirada estratégica iniciada por sus subordinados es fatal.

La carrera hacia el mar

A pesar de estar agotadas por los combates en el Marne, las tropas franco-británicas se lanzan al ataque sobre las posiciones alemanas y rompen sus defensas. La escasez de municiones hace que su situación sea aún más crítica. Poco a poco, el rostro de la Gran Guerra comienza a dibujarse en forma de guerra de trincheras. Después de la primera batalla del Aisne (14-18 de septiembre) y durante el mes de octubre, cada bando trata de atacar por la espalda al ejército contrario. Estos intentos, realizados por el ala derecha alemana y por el ala izquierda francesa, extienden el frente hacia el mar del Norte. Aunque el objetivo de este tipo de operaciones no es llegar al mar, adoptan el nombre de «carrera hacia el mar».

La batalla de Ypres y la estabilización del frente

El frente se estabiliza desde la frontera suiza hasta el mar del Norte, y las trincheras permiten ahorrar fuerzas para reunir nuevas tropas para un asalto. En Bélgica, el campo de batalla se traslada a la región de Ypres.

El general alemán Erich von Falkenhayn quiere acabar con el ejército belga protegido por la fortaleza de Amberes y, el 1 de octubre, las defensas exteriores caen. Dos días más tarde, llegan como refuerzo no menos de 12 000 miembros del Cuerpo de los Reales Marines. El envío de este contingente es idea de Winston Leonard Spencer Churchill, primer lord del Almirantazgo (1874-1965), que acude personalmente a la ciudad de Amberes. Sin embargo, esta se rinde el 9 de octubre y el ejército belga se repliega detrás del Yser.

A él se le unen las fuerzas franco-británicas para detener a los ejércitos alemanes. Por su parte, Erich von Falkenhayn quiere, por un lado, crear un gran avance que le permita tomar París y hacer que Francia se doblegue y, por otro, ocupar los puertos y evitar que lleguen refuerzos ingleses. Las divisiones belgas, reducidas a 60 000 hombres, logran mantener un sector de 15 kilómetros, pero pierden un tercio de sus efectivos. Bajo la orden del rey de Bélgica Alberto I (1875-1934), los zapadores abren las esclusas en Nieuwpoort (ciudad costera belga). El 29 de octubre, la llanura del Yser es inundada, formando una línea de defensa temporal entre Nieuwpoort y Dixmuda (ciudades belgas). Sin embargo, los combates continúan haciendo estragos en el sector de Ypres, donde se enfrentan los ejércitos de John Denton Pinkstone French y de Ferdinand Foch al 6.º Ejército alemán. Una vez más, la artillería alemana demuestra su fuerza, incluso si la destreza inglesa con el rifle también resulta mortal. La situación es desfavorable para los Aliados hasta el 10 de noviembre. Sin embargo, las inundaciones, la lluvia, la nieve y el agotamiento de las tropas implican el abandono de la ofensiva alemana el 13 de noviembre.

Por lo tanto, las líneas del frente apenas se moverán hasta 1918, y el frente occidental estará marcado por otras batallas, como la de Verdún (febrero-diciembre de 1916), la del Somme (julio-noviembre de 1916) y la del Camino de las Damas (abril-octubre de 1917).

¿SABÍAS QUE...?

Las batallas de Verdún, del Somme y del Camino de

las Damas son tres grandes ofensivas que evocan en la memoria colectiva la dureza de los combates de la Primera Guerra Mundial.

- La batalla de Verdún es una ofensiva alemana que comienza en febrero de 1916 y termina en diciembre del mismo año. Unos 300 000 franceses y alemanes pierden la vida en un combate de una violencia sin precedentes hasta la fecha.
- La batalla del Somme es una ofensiva franco-británica que se lleva a cabo entre julio y noviembre de 1916. Durante seis semanas, las fuerzas aliadas ganan terreno sin lograr hacer que el frente alemán ceda. A partir de agosto, su objetivo es mantener una fuerte presión sobre el ejército enemigo. Las víctimas son numerosas: los alemanes pierden a cerca de 650 000 hombres, los ingleses a 420 000 y los franceses a 195 000.
- El Camino de las Damas es una ofensiva iniciada por el general Robert Nivelle el 16 de abril de 1917 con el fin de lograr un gran avance para romper el inmovilismo de las trincheras. El ataque es un desastre —se calcula que mueren unos 35 000 hombres en una semana—, pero el general francés se obstina y no quiere abandonar. Estallan motines en las filas y la represión es violenta. Ante esta catastrófica situación, Robert Nivelle es reemplazado por Philippe Pétain, que se compromete a mejorar primero la situación de las tropas. Finalmente, este lleva a cabo una ofensiva bien coordinada en octubre de 1917 que concluye con la victoria de la batalla de la Malmaison el día 24 del

mismo mes.

Los crímenes de guerra

El 12 de septiembre, al final de la batalla del Marne, los franceses recuperan Reims, pero la ciudad se ve sometida a un bombardeo que dura varios días y que acaba con la vida de 700 civiles. Violando las leyes de la guerra, la artillería alemana no duda en dañar deliberadamente la catedral gótica en la que habían sido coronados los reyes de Francia. Este acto aporta a la propaganda aliada una prueba más de la barbarie teutona, ya que los edificios históricos, testigos de la historia y la cultura, se consideran legalmente inviolables.

La catedral de Reims destruida durante los enfrenta-
mientos de septiembre de 1914.

Enseguida, la Primera Guerra Mundial representa para los
contemporáneos una lucha entre la civilización y la barbarie. Por su parte, Inglaterra no entra en el conflicto porque
quiere colaborar solidariamente con la Triple Entente, sino
que lo hace porque Alemania ha violado el derecho interna-

cional al atacar a Bélgica. La idea de una *Poor Little Belgium* («pobre pequeña Bélgica») es un gran éxito y la movilización de la gente gracias a la propaganda tiene la misma intensidad que los combates.

Sin lugar a dudas, el ejército alemán comete atrocidades en Bélgica en 1914. Sorprendidos por la resistencia del ejército belga y bajo la influencia de un verano muy cálido, el estrés de los alemanes no deja de aumentar y fortalece el miedo a encontrarse bajo el fuego de los francotiradores, como había ocurrido en 1870. Creyendo ser atacados por civiles, los primeros días de la guerra las unidades cometen actos imperdonables: 211 personas son ejecutadas en Andenne, 384 en Tamines y 612 en Dinant. El 25 de agosto, se incendia la ciudad universitaria de Lovaina, incluyendo su rica biblioteca.

En 1915, la ejecución de Edith Louisa Cavell (1865-1915), una enfermera de origen inglés implicada en la resistencia belga, suscita la indignación general y promueve el programa de reclutamiento inglés. Por su parte, Alemania también intenta conseguir victorias en esta lucha propagandística denunciando la ejecución del cónsul irlandés Roger Casement (1864-1914), que había negociado el apoyo logístico y militar de Alemania en el levantamiento irlandés contra Inglaterra de 1916. Así pues, la movilización de la gente desempeña un papel importante para mantener la moral de las tropas, pero sobre todo la de la retaguardia del frente, que debe participar en el enorme esfuerzo de guerra. Por otra parte, la victoria moral ayuda a atraer a las potencias neutrales a su bando, especialmente a los Estados Unidos. Alemania

pierde rápidamente en este ámbito y con el tiempo se convierte en la única responsable de la Primera Guerra Mundial.
Apartada por el resto de países, la nación es humillada al
final de la guerra y la actitud de los vencedores no hace más
que sembrar las semillas de la Segunda Guerra Mundial
(1939-1945).

EN RESUMEN

1914

7-23 ag.: batalla de las fronteras
2 sept.: los alemanes están a 50 km de París
6 sept.: inicio de la batalla del Marne
7 sept.: operación de «los taxis del Marne»
9 sept.: retirada alemana
12 sept.: fin de la batalla del Marne
14-18 sept.: batalla del Aisne
9 oct.: capitulación de Amberes
29 oct.: inundación de la llanura del Yser
13 nov.: estabilización del frente

La batalla del Marne ©50MINUTOSes

- La Primera Guerra Mundial es el resultado de causas profundas e inmediatas, entre las que hay que destacar las tensiones económicas, políticas y coloniales entre las potencias europeas, sin olvidarnos de la formación de alianzas suscitada por el miedo a una agresión por parte de los países rivales. Sin embargo, la chispa que desencadena el conflicto es el asesinato del heredero de Austria-Hungría en Sarajevo el 28 de junio de 1914.

- Aunque la guerra parece evitable, podría al menos haberse limitado a una escala regional. Pero los políticos y los diplomáticos dejan que los acontecimientos se deslicen hacia un conflicto generalizado. Entonces, la lógica de las alianzas provoca un efecto dominó, y numerosos

Estados se declaran la guerra uno tras otro.

- Los Estados Mayores alemán y francés ya habían previsto, hacía mucho tiempo, planes de ataque. Los franceses deciden atacar a través de Alsacia y Lorena, mientras que los alemanes planean atravesar Bélgica para atacar por la espalda a los ejércitos franceses.
- Bélgica es atacada el 4 de agosto; el ejército belga se repliega rápidamente a Amberes. Las tropas francesas y la Fuerza Expedicionaria Británica, por su parte, son derrotadas en el Sambre y en Mons. El 24 de agosto, los alemanes resultan vencedores de la batalla de las fronteras.
- Los ejércitos franceses también han fracasado en sus ofensivas en las Ardenas y en el Sarre, pero se aferran al Meurthe.
- Entonces, el mando alemán comete errores al retirar a algunas tropas del ala marchante y al dejar que se creen brechas entre los diferentes ejércitos.
- El general Joseph Joffre, que percibe la debilidad del dispositivo alemán, aprovecha la oportunidad para tratar de ampliar los espacios entre los ejércitos alemanes y rodearlos. Entonces, el general Helmuth Johannes von Moltke, que se encuentra en Luxemburgo, es incapaz de tener una visión general y de coordinar sus tropas.
- El 9 de septiembre, los ejércitos alemanes se ven obligados a retirarse detrás del Marne cuando están a solo 50 kilómetros de París.
- Después de un intento para desbloquear la situación entre septiembre y octubre, las posiciones de los dos ejércitos se mantienen congeladas durante casi cuatro años, comenzando así la guerra de trincheras.

- Los primeros meses de la guerra están marcados por oleadas de brutalidad. Contrariamente a la creencia popular, las batallas de las fronteras y del Marne son las más mortíferas del conflicto.
- Los civiles no están a salvo, a pesar de las leyes de la guerra. El ejército alemán comete actos imperdonables en Bélgica y en el norte de Francia, martirizando ciudades enteras, cometiendo masacres y destruyendo monumentos.

¡Tu opinión nos interesa!
¡Deja un comentario en la página web de tu librería en línea,
y comparte tus favoritos en las redes sociales!

FUENTES BIBLIOGRÁFICAS

- Audoin-Rouzeau, Stéphane y Jean-Jacques Becker. 2004. *Encyclopédie de la Grande Guerre 1914-1918*. París: Bayard.
- Becker, Jean-Jacques. 2003. "La bataille de la Marne ou la fin des illusions". *Les collections de L'Histoire*, n.° 21, 32-36. Octubre-diciembre.
- Becker, Jean-Jacques. 2008. *Dictionnaire de la Grande Guerre*. Bruselas: André Versaille.
- Colectivo. "La bataille de la Marne". 1979. *À la une. Les grands événements du XXe siècle et les journaux de l'époque*, n.° 33. París: Atlas.
- Contamine, Henri. 1970. *La victoire de la Marne. 9 septembre 1914*. París: Gallimard.
- Cochet, François y Rémy Porte. 2008. *Dictionnaire de la Grande Guerre 1914-1918*. París: Robert Laffont.
- Duroselle, Jean-Baptiste. *La Grande Guerre des Français (1914-1918)*. París: Perrin.
- Ferro, Marc. 1969. *La Grande Guerre 1914-1918*. París: Gallimard.
- Gambiez, Fernand y Maurice Suire. 1968. *Histoire de la Première Guerre mondiale. Crépuscule sur l'Europe*, tomo I. París: Fayard.
- Hirschfeld, Gerhard, Gerd Krumeich, Irina Renz, Markus Pöhlmann. 2004. *Enzyklopädie Erster Weltkrieg*. Paderborn: Schöningh.
- Keegan, John. 2003. *La Première Guerre mondiale*. París: Perrin.
- Lagrange, François. 2005. *Inventaire de la Grande Guerre*.

París: Universalis.

- Le Naour, Jean-Yves. 2008. *Dictionnaire de la Grande Guerre*. París: Larousse.
- Montes, Andrés. 2016. "El valor de un fracaso", *La Opinión A Coruña*. 5 de marzo Consultado el 12 de diciembre de 2016. www.laopinioncoruna.es/opinion/2016/03/05/fracaso/1047910.html
- Neiberg, Michael. 2005. *Fighting the Great War. A Global History*. Cambridge: Harvard University Press.
- Renouvin, Pierre. 1969. *La crise européenne et la Première Guerre mondiale*. París: PUF.

FUENTES COMPLEMENTARIAS

- Baldin, Damien y Emmanuel Saint-Fuscien. 2012. *Charleroi. 21-23 août 1914*. París: Tallandier.
- Becker, Jean-Jacques. 1996. *L'Europe dans la Grande Guerre*. París: Belin.
- Carré, Henri. 1921. *La véritable histoire des taxis de la Marne (6, 7 et 8 septembre 1914)*. París: Chapelot.
- Drévillon, Hervé. 2007. *Batailles. Scènes de guerre de la Table Ronde aux Tranchées*. París: Seuil.
- Farr, Don. 2008. *Mons 1914-1918. The Beginning and the End*. Solihull: Helion & Company Limited.
- Foch, Ferdinand. 1931. *Mémoires pour servir à l'histoire de la guerre de 1914-1918*. París: Plon.
- Gallieni, Joseph. 2013. *La bataille de la Marne. 25 août-11 septembre 1914*. Moncrabeau: Éditions Laville.
- Joffre, Joseph. 1932. *Mémoires. Tome premier: 1910-1917*. París: Plon.
- Joffre, Joseph. 1928. *Les deux batailles de la Marne, 5-11*

septembre 1914, 15-18 juillet 1918. París: Payot.
- La Chaussée, Capitaine J. 1933. *De Charleroi à Verdun dans l'infanterie*. París: Figuière.
- Miquel, Pierre. 2004. *La bataille de la Marne*. París: Perrin.
- Von Bülow, Bernhard. 1921. *Mon rapport sur la bataille de la Marne*. París: Payot.
- Von Hausen, Max. 1922. *Souvenirs de la campagne de la Marne en 1914*. París: Payot.

FUENTES ICONOGRÁFICAS

- Asesinato del archiduque Francisco Fernando de Habsburgo. © *Le Petit Journal*.
- Retrato de John Denton Pinkstone French. La imagen reproducida está libre de derechos.
- Retrato de Joseph Joffre. La imagen reproducida está libre de derechos.
- Retrato de Helmuth Johannes von Moltke. La imagen reproducida está libre de derechos.
- Ejército alemán en Bélgica. © Library of Congress.
- Los taxis del Marne. © Jean-Pol Grandmont.

DOCUMENTAL

- *La Bataille de la Marne (1914)*. Dirigido por Jean-François Cochet. Francia, 2011.

MUSEOS Y EDIFICIOS CONMEMORATIVOS

- La catedral de Reims, Francia.
- El monumento a Charles Péguy y la Gran Tumba de

Chauconin-Neufmontiers, Francia.

- El monumento a la batalla del Marne en Dormans, Francia.
- El monumento nacional y el museo de la Victoria de la Batalla del Marne en Mondement, Francia.
- El Museo de la Gran Guerra del Pays de Meaux, Francia.
- Las trincheras de la Main de Massiges, Francia.

en50MINUTOS.es
Historia
Economía y empresa
Coaching